Das unmögliche Wörterbuch

Unsere verflixte Muttersprache als Bilderrätsel

zusammengetragen von Jens König

Impressum

© 2013 Jens König

Herstellung und Verlag:
BoD – Books on Demand, Norderstedt

**Umschlaggestaltung, Illustrationen,
Satz und Layout:** Jens König

Information: jenskoenig.jimdo.com

ISBN: 9783732238774

Bibliografische Information der Deutschen Nationalbibliothek
Die Deutsche Nationalbibliothek verzeichnet diese Publikation in der
Deutschen Nationalbibliografie; detaillierte bibliografische Daten sind
im Internet über www.dnb.de abrufbar.

vorwort

Schrauben-Dreher. Bein-Kleid. Bild-Schirm. Hauben-Taucher... diese und andere Wortschöpfungen unserer Muttersprache gingen mir beim Zusammenstellen dieses Buches durch den Kopf. Und ich liebe sie, diese verquere Muttersprache. Was gibt es nicht alles für Verzwickungen im Kopfkino, will man einmal alles „wortwörtlich" nehmen! Mit einem Augenzwinkern möchte dies Büchlein genau den Versuch unternehmen. Es nimmt unsere täglichen Kleinode der Sprache wortwörtlich, seziert, analysiert und führt bisweilen unsere lieb gewordene Sprache ad absurdum. Und ganz nebenbei befindet man sich auf einmal in einer Raterunde der humorvollen Art: Was ist hier gemeint? Welche alltäglich benutzte Wortschöpfung liegt dem Bild zugrunde?

Die Idee, diese bereits auf „denkgelage.blog.de"erprobten Rätselbildchen auch in Buchform einem breiteren Publikum angedeihen zu lassen, trug ich schon länger mit mir herum. Nun ist es endlich so weit. Das Buch zum blog, sozusagen. Und ich denke, es wird nicht das letzte sein.

Wer mag, wuselt sich nun also durch den kryptischen Bilderdschungel. Aber Obacht! Was zu Beginn einfach erscheint, entpuppt sich bald als knallharte Kopfnuss (tss tss: Knall-hart, da ist es schon wieder...).

Als Hilfe für das Knacken solcher Kopfnüsse dienen unter den Bildern angebrachte Tipps, mitunter hilft schon die Rubrik, welche in der Kopfzeile integriert ist. Für Rätselmüde habe ich die Lösungswörter spiegelverkehrt ins Buch integriert: am Ende eines jeden Kapitels stehen noch einmal alle in diesem Kapitel verwendeten Begriffe. Alle Tipps und Lösungsworte sind in Spiegelschrift gedruckt. So kann man sich getrost ans vermeintlich richtige Ergebnis heranpirschen, ohne gleich „schwach" zu werden und „abzulesen". Das meiste habt Ihr ja eh schon ohne Hilfe erraten, oder? Ein letzter Tipp: rechtschreiblich wurde bei einigen Lösungen das eine oder andere Auge zugedrückt. Die Aussprache hilft hier.

Doch nun wünsche ich viel Spaß beim Ausflug durch unsere Muttersprache

Jens König

Essen und Trinken

DAS UNMOEGLICHE WOERTERBUCH

Essen und Trinken

Tipp: 1. diese sind suess 2. passt zum Salat

DAS UNMOEGLICHE WOERTERBUCH

Essen und Trinken

erfrischt im Sommer TIPP

Essen und Trinken — DAS UNMÖGLICHE WÖRTERBUCH

TIPP auf der Wiese ist er rot TIPP

DAS UNMOEGLICHE WOERTERBUCH Essen und Trinken

den backt die Grossmutter TIPP

DAS UNMÖGLICHE WOERTERBUCH

Essen und Trinken

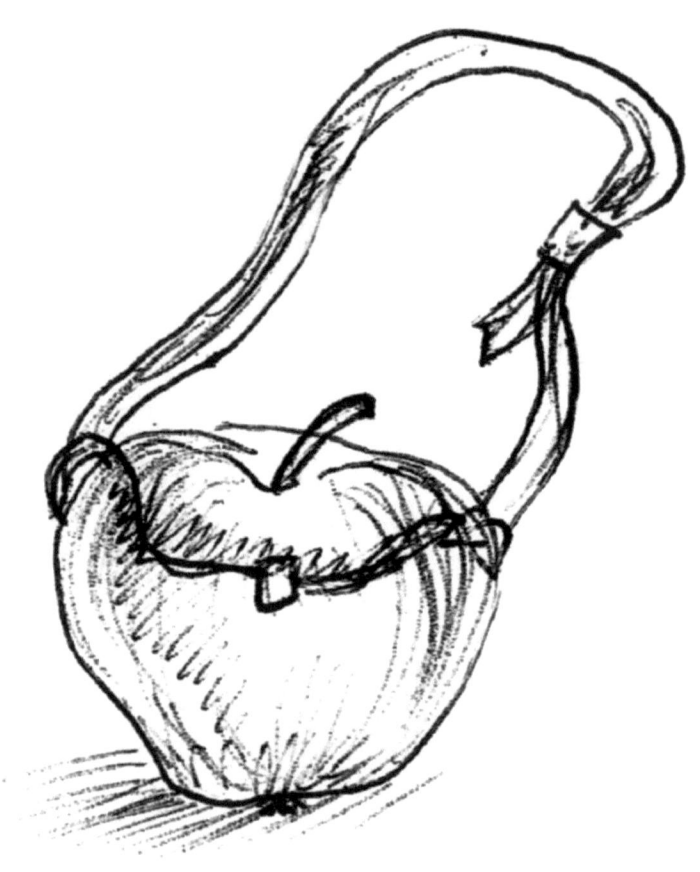

hmmm, mit Rosinen TIPP

DAS UNMOEGLICHE WOERTERBUCH

Essen und Trinken

Wo gibts Hausschuhe aus Holz? TIPP

DAS UNMÖGLICHE WÖRTERBUCH

Essen und Trinken

TIPP diese passen gut in Torten

12

DAS UNMOEGLICHE WOERTERBUCH

Essen und Trinken

das gibts auch als Wahrzeichen TIPP

DAS UNMOEGLICHE WOERTERBUCH

Essen und Trinken

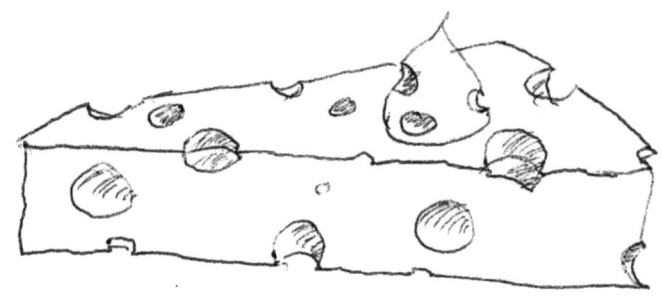

TIPP lecker zum Geburtstag

die auflösung (unsortiert)

Tomate Erdbeeren Eistee Apfeltasche
Käsekuchen Stachelbeeren Holzundertschnitte
Zuckerhut Wohnkuchen Kugelhupf

Kräutersalat

Kräutersalat DAS UNMOEGLICHE WOERTERBUCH

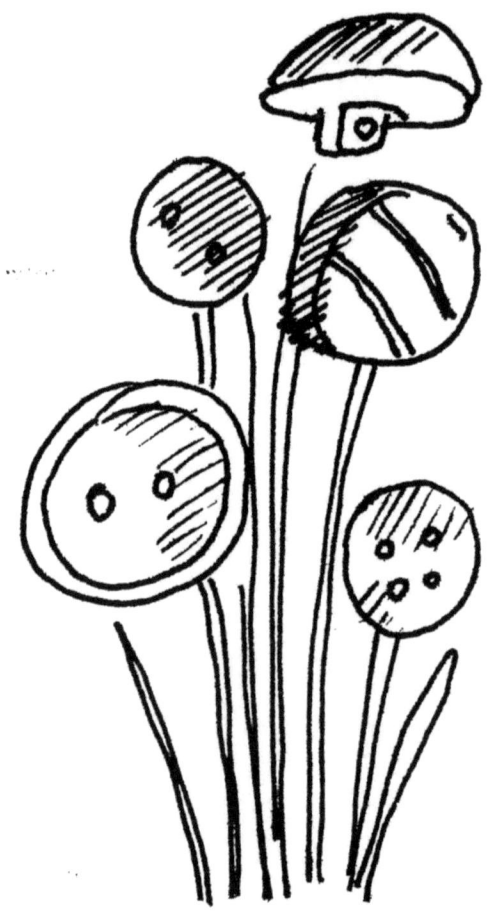

TIPP ... das sind Knoepfe

DAS UNMOEGLICHE WOERTERBUCH

Kräutersalat

Hat der einen Vornamen? TIPP

Kräutersalat | **DAS UNMOEGLICHE WOERTERBUCH**

TIPP! Jo mai, des klingt bayrisch!

DAS UNMOEGLICHE WOERTERBUCH Kräutersalat

davon gibt es Eis und Brause TIPP

Krütersalat   DAS UNMOEGLICHE WOERTERBUCH

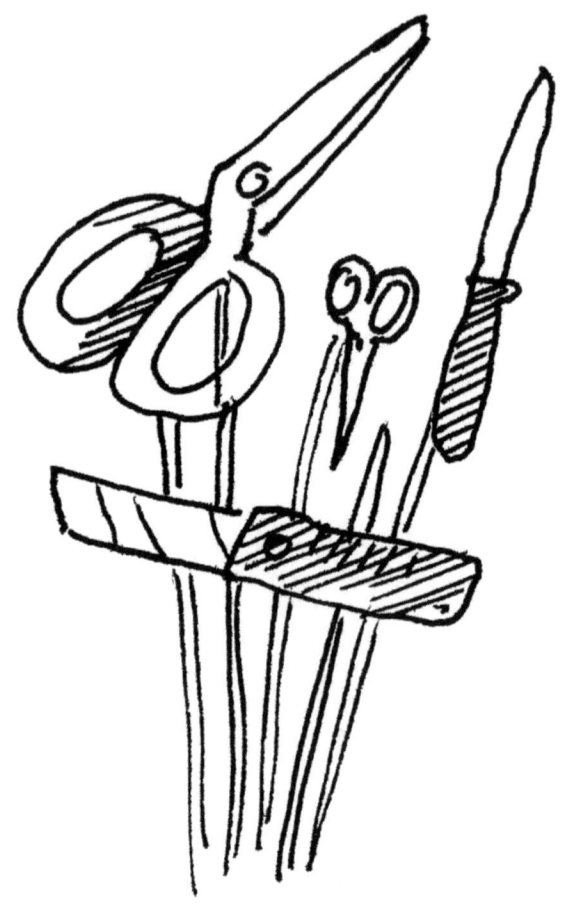

Zwiebelgewaechs TIPP

DAS UNMOEGLICHE WOERTERBUCH

Kräutersalat

siehe Seite 20 PPIT

DAS UNMOEGLICHE WOERTERBUCH

Kräutersalat

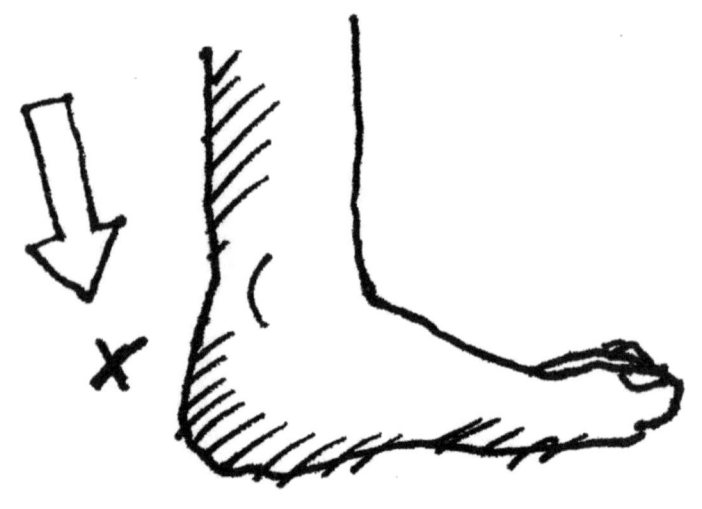

TIPP passt zum Gaensebraten

die auflösung (unsortiert)

Waldmeister Baerlauch Beifuss

Anis Schnittlauch Knoblauch Dill

Geografie

Geografie   **DAS UNMOEGLICHE WOERTERBUCH**

Zigarren TIPP

24

DAS UNMOEGLICHE WOERTERBUCH

Geografie

TIPP: Krug? , Tasse?

Geografie DAS UNMOEGLICHE WOERTERBUCH

TIPP Land in Afrika

DAS UNMOEGLICHE WOERTERBUCH Geografie

TIPP Inselgruppe

Geografie

DAS UNMOEGLICHE WOERTERBUCH

TIPP nicht arm nicht

DAS UNMOEGLICHE WOERTERBUCH   Geografie

TIPP Glaskugel?, Hellseher?

Geografie **DAS UNMOEGLICHE WOERTERBUCH**

TIPP Hattu Moehren

die auflösung (unsortiert)

Malediven Marschen Osterinseln

Angola Rubrpott Frankreich Kuba

Technik

Technik   **DAS UNMOEGLICHE WOERTERBUCH**

TIPP taeglich ihn beruehrt man

DAS UNMOEGLICHE WOERTERBUCH Technik

TIPP benutzt man sehr oft

Technik — DAS UNMOEGLICHE WOERTERBUCH

heute oft als Sparvariante TIPP

DAS UNMOEGLICHE WOERTERBUCH Technik

Neudeutsches aus der PC-Welt TIPP

Technik　　　　　　　　　　　DAS UNMOEGLICHE WOERTERBUCH

bestimmtes Werkzeug TIPP

DAS UNMOEGLICHE WOERTERBUCH

Technik

TIPP für oben: heute oft leerstehend

TIPP für unten: bei Aelteren oft kaputt

37

Technik

DAS UNMOEGLICHE WOERTERBUCH

TIPP: es geht um das Stueck aus Holz

DAS UNMOEGLICHE WOERTERBUCH

Technik

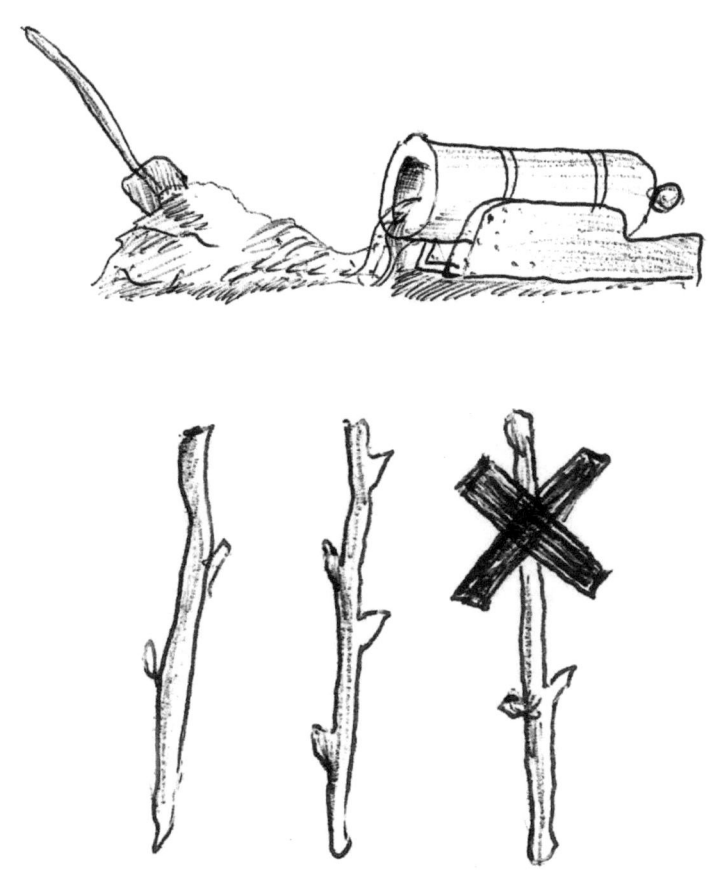

TIPP: zwei Fachbegriffe aus dem Bauwesen

Technik   **DAS UNMOEGLICHE WOERTERBUCH**

TIPP: passt auch zur Geografie

DAS UNMOEGLICHE WOERTERBUCH

Technik

TIPP: geht in die Luft

Technik

DAS UNMOEGLICHE WOERTERBUCH

TIPP: schon wieder: PC-Welt

DAS UNMOEGLICHE WOERTERBUCH

Technik

TIPP: kann man zum basteln gebrauchen

Technik   DAS UNMOEGLICHE WOERTERBUCH

TIPP: wirkt erhebend

DAS UNMOEGLICHE WOERTERBUCH Technik

TIPP: Klingt aehnlich wie ein Braten

Technik

DAS UNMÖGLICHE WOERTERBUCH

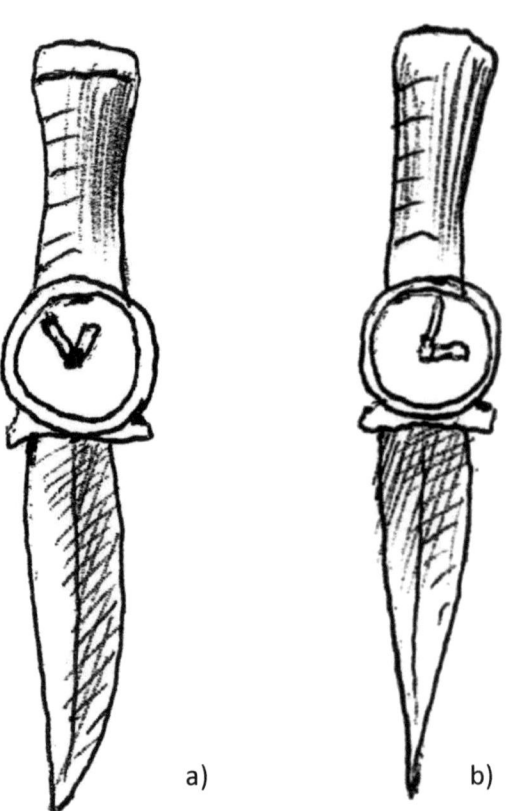

a) b)

TIPP: a: Begriff fuer Uhr; b: "a" in Fabriken

DAS UNMOEGLICHE WOERTERBUCH

Technik

TIPP: Hilfsmittel

Technik   DAS UNMOEGLICHE WOERTERBUCH

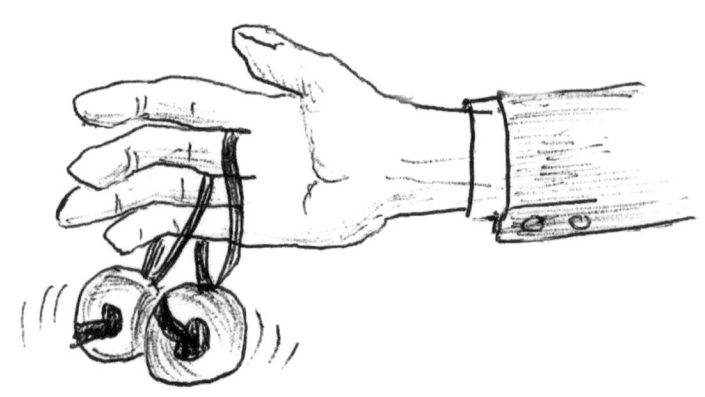

TIPP: "Abtrehmrmittel"

die Auflösung (unsortiert)

Rolladen Rueltzange Erdgeschoss Bahnhof

Mousepad Bildroehre Rollstuhl Stechuhr

Gluehbirne Mausefalle Buchruecken Handschellen

Buegeleisen Papierkorb Wasserhahn Zeitmesser

Clobus Paternoster drittel Stock Hubschrauber

Tierwelt

Tierwelt | DAS UNMOEGLICHE WOERTERBUCH

TIPP: Reich an Arm

DAS UNMÖGLICHE WOERTERBUCH

Tierwelt

TIPPS: oben: Strandtier; unten: Landtier

Tierwelt DAS UNMOEGLICHE WOERTERBUCH

TIPP: etwas Grosses

DAS UNMOEGLICHE WOERTERBUCH

Tierwelt

TIPP: etwas Kleines

53

Tierwelt **DAS UNMOEGLICHE WOERTERBUCH**

TIPP: ohne Worte ;-)

die Auflösung (unsortiert)

Zahnkoenig Pottwal Muschelrier

Lachmoewe Kotterfisch Hammerhai Tintentisch

Pflanzen

Pflanzen   **DAS UNMOEGLICHE WOERTERBUCH**

TIPP: macht Plaetzchen lecker

DAS UNMÖGLICHE WOERTERBUCH

Pflanzen

TIPP: auf vielen Wiesen

Pflanzen — DAS UNMOEGLICHE WOERTERBUCH

TIPP: immergrünen

DAS UNMOEGLICHE WOERTERBUCH

Pflanzen

TIPP: gesunder Fruehblueher

Pflanzen · DAS UNMOEGLICHE WOERTERBUCH

TIPP: [bayrisch]

DAS UNMOEGLICHE WOERTERBUCH

Pflanzen

TIPP: gut fuers Haar

Pflanzen DAS UNMÖGLICHE WOERTERBUCH

TIPP: der Name passt zum Winzer

DAS UNMOEGLICHE WOERTERBUCH

Pflanzen

TIPP: wuenscht sich so mancher

TIPP: Ursprung des Chicoree

DAS UNMOEGLICHE WOERTERBUCH

Pflanzen

TIPP: blau, aber nicht betrunken

Pflanzen

DAS UNMOEGLICHE WOERTERBUCH

auch: Butterblume :PPIT

DAS UNMOEGLICHE WOERTERBUCH

Pflanzen

TIPP: Fruehjahrsbote

Pflanzen

DAS UNMOEGLICHE WOERTERBUCH

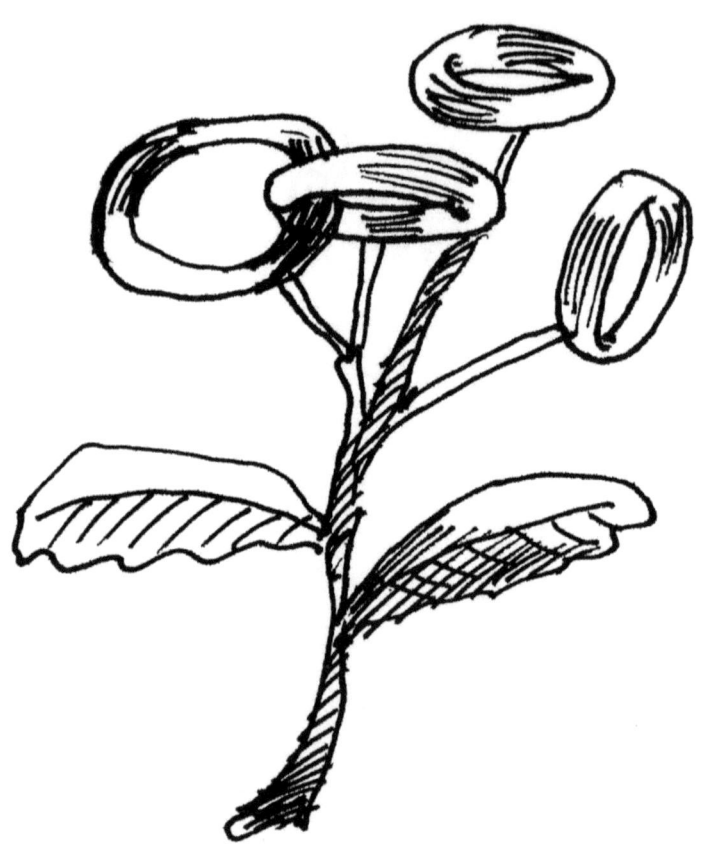

TIPP: Salbe fuer Rohstoff

DAS UNMÖGLICHE WOERTERBUCH

Pflanzen

TIPP: "Feiertagsblume"

Pflanzen | **DAS UNMOEGLICHE WOERTERBUCH**

TIPP: Gewürz, irgendwie maritim

DAS UNMOEGLICHE WOERTERBUCH

Pflanzen

TIPP: rankt

Pflanzen — DAS UNMOEGLICHE WOERTERBUCH

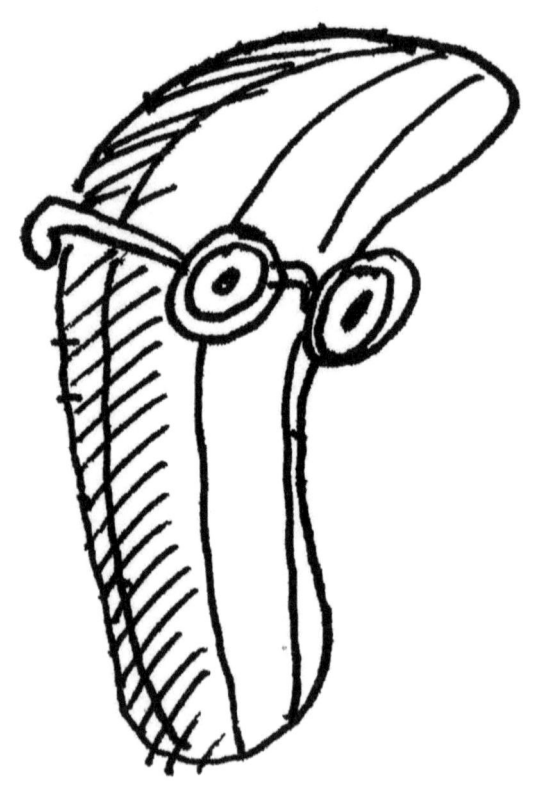

TIPP: Ahoi!

DAS UNMOEGLICHE WOERTERBUCH

Pflanzen

TIPP: zum Einreiben

Pflanzen | DAS UNMOEGLICHE WOERTERBUCH

TIPP: sehr alt

DAS UNMOEGLICHE WOERTERBUCH Pflanzen

TIPP: Poesie in drei Worten

Pflanzen DAS UNMOEGLICHE WOERTERBUCH

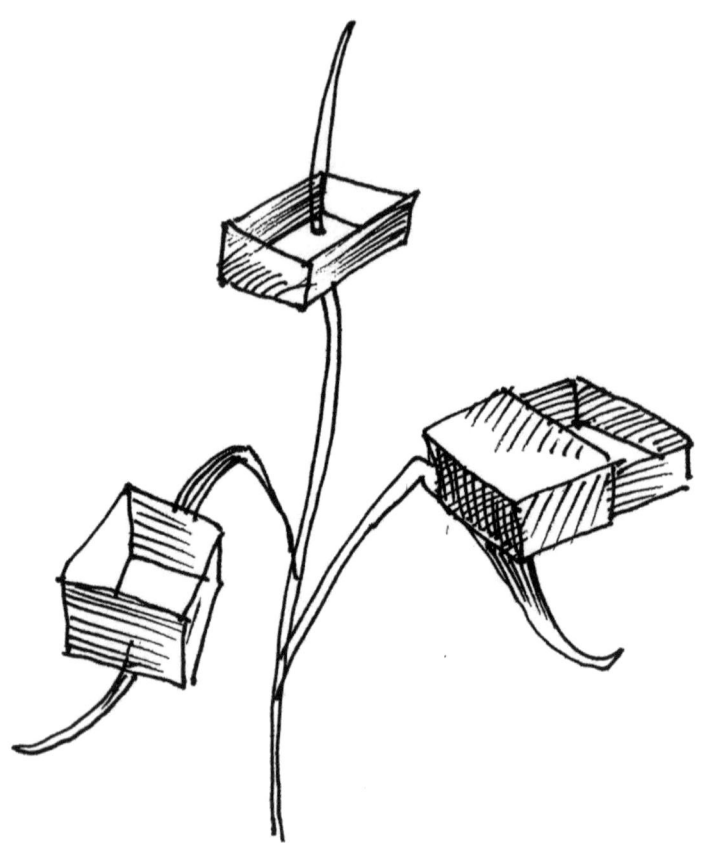

TIPP: Ur-alt

DAS UNMOEGLICHE WOERTERBUCH Pflanzen

TIPP: Vitamine

Pflanzen   DAS UNMOEGLICHE WOERTERBUCH

TIPP: auch am Maschendrahtzaun

DAS UNMOEGLICHE WOERTERBUCH

Pflanzen

TIPP: dufte

Pflanzen DAS UNMOEGLICHE WOERTERBUCH

TIPP: nicht stumm

DAS UNMOEGLICHE WOERTERBUCH   Pflanzen

TIPP: dufter Stachler

Pflanzen

DAS UNMOEGLICHE WOERTERBUCH

TIPP: sieht tatsaechlich so aus

DAS UNMOEGLICHE WOERTERBUCH   Pflanzen

TIPP: schoene Blume

Pflanzen

DAS UNMOEGLICHE WOERTERBUCH

TIPP: pust pust

die Auflösung (unsortiert)

Seegurke Granatapfel

Pattenblümchen Knallerbse Sonnenhut Laubmesser

Löwenzahn Kletterrose Jungfer im Grünen

Veilchen Eibe Goldregen Hahnenfuss Zaunwinde

Schachtelhalm Huflattich Haselnuss Wartenbecher

Ahorn Wegwarte Osterglocke Latschenkiefer

Kornblume Birke Ringelblume Mammutbaum

Korkenzieherweide Gänseblume Rosmarin

Bunte Muttersprache

Bunte Muttersprache

DAS UNMOEGLICHE WOERTERBUCH

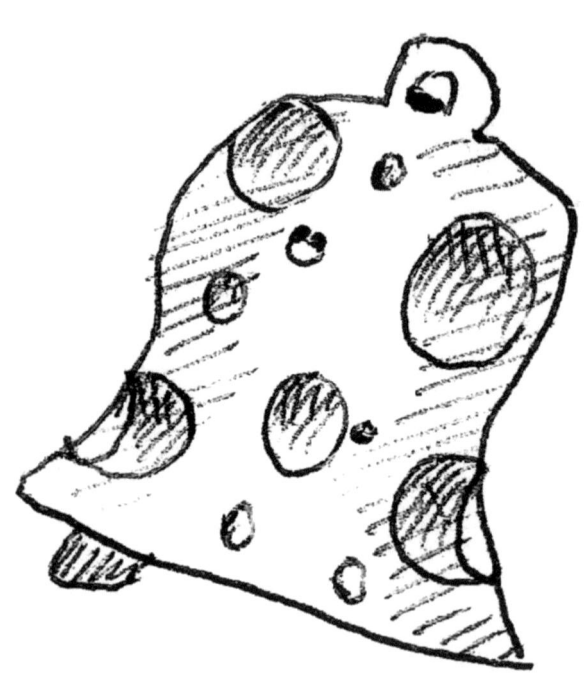

TIPP: schnetzt

DAS UNMOEGLICHE WOERTERBUCH   Bunte Muttersprache

TIPP: huebsch!

DAS UNMOEGLICHE WOERTERBUCH

Bunte Muttersprache

TIPP: oben: Ereignis ; unten: zum lernen

DAS UNMOEGLICHE WOERTERBUCH Bunte Muttersprache

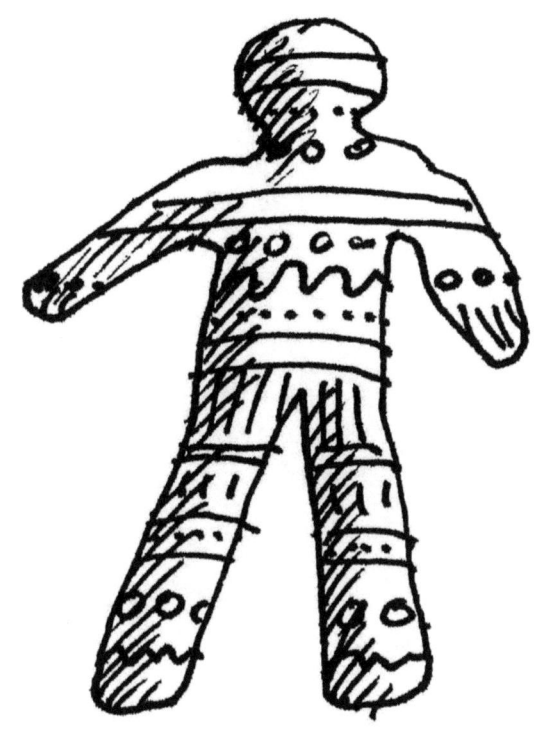

TIPP: bravo, maennlich

DAS UNMOEGLICHE WOERTERBUCH Bunte Muttersprache

TIPP: Koerperteil

DAS UNMÖGLICHE WOERTERBUCH

Bunte Muttersprache

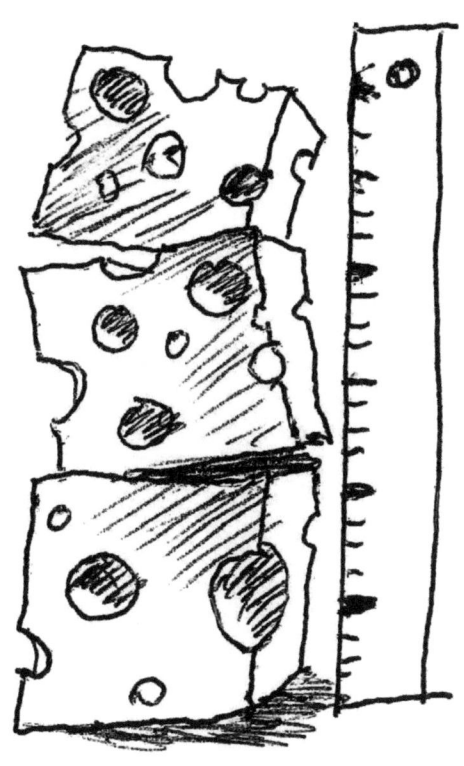

TIPP: Knirps

Bunte Muttersprache DAS UNMÖGLICHE WÖRTERBUCH

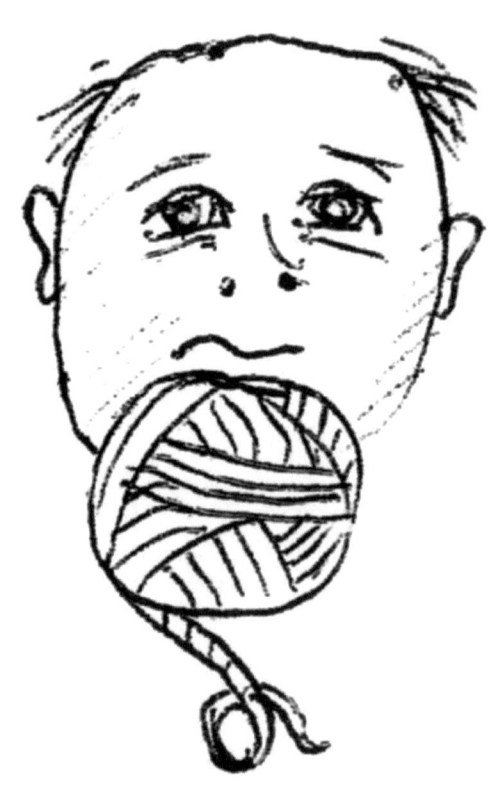

TIPP: Modeerscheinung

DAS UNMOEGLICHE WOERTERBUCH

Bunte Muttersprache

TIPP: immer im Osten

DAS UNMOEGLICHE WOERTERBUCH

Bunte Muttersprache

TIPP: Montag bis Freitag

DAS UNMOEGLICHE WOERTERBUCH

Bunte Muttersprache

TIPP: Taetigkeit Verliebter

Bunte Muttersprache — DAS UNMOEGLICHE WOERTERBUCH

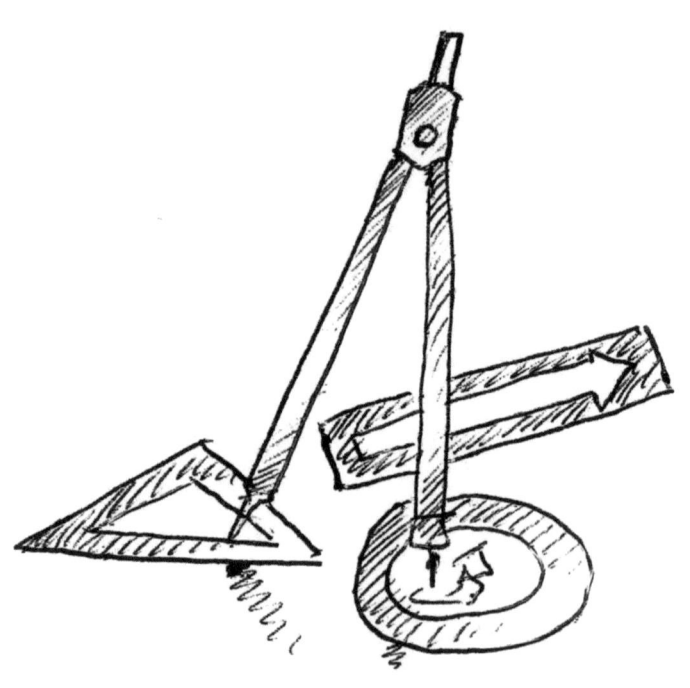

TIPP: Arbeitsgemeinschaft

DAS UNMOEGLICHE WOERTERBUCH   Bunte Muttersprache

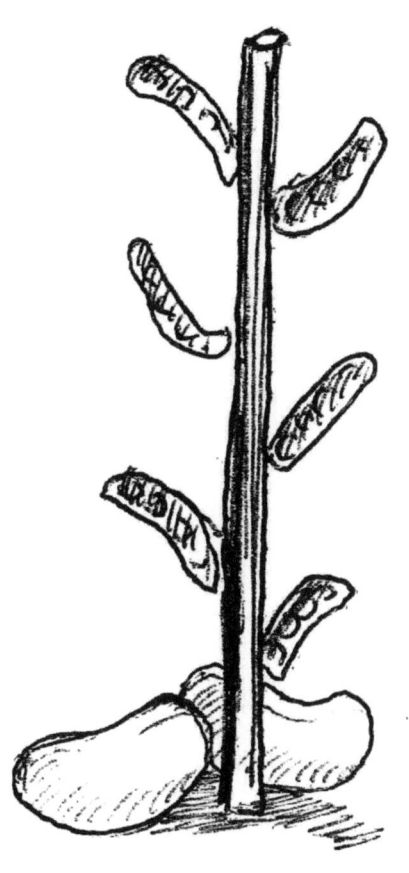

TIPP: laaang

Bunte Muttersprache   **DAS UNMOEGLICHE WOERTERBUCH**

TIPP: unvermeidbar

DAS UNMOEGLICHE WOERTERBUCH

Bunte Muttersprache

TIPP: der Autor

DAS UNMOEGLICHE WOERTERBUCH

Bunte Muttersprache

TIPP: "nach dem Essen" fuer...

die Auflösung (unsortiert)

Zahnpasta Schulzecks

heiraten Stuhlgang Fensterverkehr

Grundschule Dreikäsehoch Sonnenaufgang

Mustertapete Schnurrbart Kasegglocke Bohnenstange

Augenweide Hochzeit Schlussscheibe Zeichentrickel

Redewendungen

Redewendungen **DAS UNMOEGLICHE WOERTERBUCH**

TIPP: ...wenn man ins Schwarze trifft.

DAS UNMOEGLICHE WOERTERBUCH

Redewendungen

TIPP: ... wenn man ein Angeber ist.

Redewendungen   **DAS UNMOEGLICHE WOERTERBUCH**

TIPP: ... wenn man keinen Blassen hat.

DAS UNMOEGLICHE WOERTERBUCH Redewendungen

TIPP: staunen und achtsam sein

Redewendungen **DAS UNMOEGLICHE WOERTERBUCH**

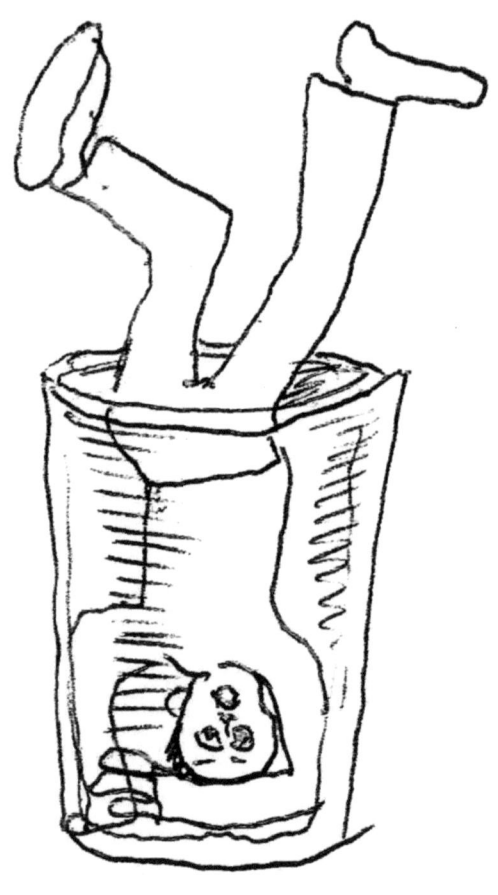

TIPP: betrunken sein

DAS UNMOEGLICHE WOERTERBUCH   Redewendungen

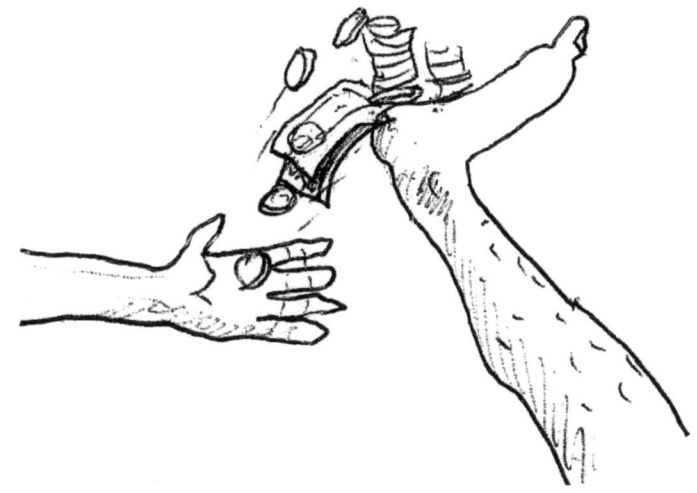

TIPP: wegrennen

die auflösung (unsortiert)

zu tief ins Glas geschaut haben

auf der Hut sein – Mahlzeiten teilhaltei

den Vogel abgeschossen haben

den Louis heraushängen lassen

Fersengeld geben – ins Trueben fischen

Inhaltsverzeichnis

Essen und Trinken	5
Kräutersalat	15
Geografie	23
Technik	31
Tierwelt	49
Pflanzen	55
Bunte Muttersprache	85
Redewendungen	101